Magic Pie Recipe

溶かしバターと水で作れる魔法のパイレシピ

若山曜子

一番好きなお菓子は何ですか？　よく尋ねられます。
実は私が一番好きなお菓子はパイ。
中までしっかり焼けた生地のバターと粉の香ばしさ、サクサクホロホロとした食感。
バターと粉だけでなぜこんなにおいしいの？と、焼きたてのパイをいただくたびに感動します。
フランスでは、厨房にいつもパイ生地があり、さっと焼いておやつやまかないに七変化。
市販の冷凍生地もいろいろあったので、我が家にもいつもストックしていました。

ただ、従来のパイ作りは、折ってたたんで休ませて……の繰り返し。
手間がかかるし、暑い夏場はバターが溶けてしまってなかなか難しい。
元来面倒くさがりの私が、簡単に、おいしくパイが作れないかと、
試行錯誤を重ねて生まれたのが、この本のレシピです。

前半で紹介しているのは、今まで不可欠とされていたプロセスを省いた、
いわば"魔法"のレシピ。粉に溶かしバターを混ぜるだけなのに、
パイ独特の層やザックリとした食感が楽しめます。
そして、バターの量も一般的なパイに比べて半量になるため、
ヘルシーになることも嬉しいポイント。
フィリングも、なるべく手間をかけずに、簡単に。
生地を冷凍できるので、思い立ったらすぐにパイを作っていただけます。

後半では、いわゆる一般的な折り込みパイのレシピもご紹介しています。
こちらもより簡単にできるように、ブロック状にしたバターを混ぜ込むレシピにしました。
香ばしく、はらはらと口の中で崩れるパイ。
パリで飽きもせず食べ続けたこのフュイタージュ生地は、一度作れば冷凍しておいて、
好きなときに切って、砂糖や塩をかけて焼くだけで、とびきりおいしい。
こちらもぜひ挑戦してほしいです。

基本の材料は粉とバターというシンプルなお菓子。
まずは生地を、そのうち好きなものをのせて。
皆様に気軽に焼きたてのパイを楽しんでいただければ幸いです。

若 山 曜 子

- *002* Introduction
- *006* 道具について
- *008* 材料について
- *010* パイ生地について

Part.1
溶かしバターの「簡単ザクザク生地」

- *014* 基本の生地の作り方
- *016* 4種のフルーツパイ
  バナナとパイナップルとココナッツのパイ／レモンアイシングパイ／
  メープルストロベリーのパイ／メープルキウイのパイ
- *020* あんずとクランベリーのパイ
- *022* ラズベリージャムと赤ワインのクロスタータ
- *024* マロンパイ カシスアイシング
- *026* キーライムパイ
- *028* メープルピーカンパイ
- *029* サワークリームと桃のパイ
- *030* ラズベリーとバナナのハートパイ
- *032* ジンジャーパンプキンパイ
- *034* タルトタタン
- *036* 2種のチョコレートパイ
  ビターチョコレートムースパイ／ホワイトチョココーヒーパイ

038 レアチーズとぶどうのパイ
039 キャラメルマンゴーパイ
040 粒キャラメルとドライフルーツのアップルパイ
042 2種のオープンサンドパイ

 スモークサーモンとヨーグルトのごま風味パイ／いちじくとゴルゴンゾーラチーズのパイ

044 ソーセージパイ
045 トマトチェダーチーズパイ
046 2種のクラッカーパイ&3種のスティックパイ

 プレーンクラッカーパイ／ハーブのクラッカーパイ／カレー粉のスティックパイ／
 パンチェッタのスティックパイ／黒こしょうと粉チーズのスティックパイ

048 ピサラディエール
050 2種のパイキッシュ

 さといもとアンチョビのパイキッシュ／栗とパンチェッタのパイキッシュ

052 タラと野菜のキャセロール

Part.2
ブロックバターの「本格サクサク生地」

056 基本の生地の作り方
060 2種のおつまみパイ & 2種のおやつパイ

 スパイス&ピーナッツのねじりパイ／ごま塩のねじりパイ／
 シナモンシュガーのねじりパイ／くるみ&黒砂糖のねじりパイ

064 いちごのカップパイ
066 レモンクリームパイ
068 チョコレートとマーマレードのショッソン
070 金柑のガレット・デ・ロワ
072 マスカルポーネとオレンジと赤ワインのミルフィーユ
074 ホットチョコレートのポットパイ
075 キャロットスープのポットパイ
076 新玉ねぎのパイ
078 ミートパイ

KITCHEN TOOLS 006 / 007

About Kitchen Tools
道具について

A ボウル：材料を混ぜるのにも使うため、大きめのものをおすすめします。
レシピによっては、耐熱のものを使うことがあります。

B 麺棒：生地をのばすのに必ず必要。重みがあり、
やや太めのものを選ぶと使いやすいでしょう。

C スケール：材料を正しく量るために使います。
容器の重さを自動的に引ける、デジタルのものがおすすめ。

D 計量カップ：1カップ＝200cc。横からも目盛りが見られるタイプが、
使いやすくておすすめ。200ccまで量れるもので十分です。

E 計量スプーン：大さじ＝15cc、小さじ＝5cc。
粉類は、多めに入れて平らにする"すりきり"で量るようにしましょう。

F 型：本書では、主に直径21cm（底18cm）のものを使っています。
直径8cmのセルクル4個も同量に該当します。型がなくても作れるレシピも紹介しています。

G オーブンシート：型を使わずにパイを焼くときに、天板に敷いて生地をのせます。
使い捨てでないタイプのものも。

H ケーキクーラー：焼き上がった生地をのせて冷ますのに使用。
空気を通すため、蒸れるのを防ぎ生地を食感よく仕上げます。

［ 本書の決まり ］
・材料と道具はすべて事前にそろえて、計量は正確に行いましょう。
・本書ではガスオーブンでの加熱温度、加熱時間を表記しています。
　電気オーブンの場合は加熱温度を少し上げ、加熱時間をやや長めにしてください。
・オーブンの加熱温度、加熱時間、焼き上がりは機種によって異なります。表記の時間を目安に、
　使用するオーブンに合わせて調整してください。予熱温度が焼き温度より高いのは、扉の開閉によって温度が下がることがあるため。
　また、焼き始めの温度が高いほうが、生地が膨らみやすくなるという理由もあります。
・電子レンジは600Wのものを使用しています。500Wの場合は加熱時間を1.2倍にするなどして、調整してください。

INGREDIENTS 008 / 009

About Ingredients
材料について

A 薄力粉、強力粉：グルテンの量が少ないものを薄力粉、多いものを強力粉といい、
B 本書では混ぜて使用。グルテンが少ない薄力粉でサクサク感を出し、
強力粉でコシを出してしっかりとした生地にするのが目的です。
本書では「エクリチュール／日清製粉＊」と「カメリヤ／日清製粉＊」を使用しています。

C 砂糖：基本的に本書では、グラニュー糖を使用。
すっきりとした甘みが感じられる生地に仕上がります。
レシピによっては、ブラウンシュガーを使ったものも。砂糖自体に風味があるため、
生地にもその味わいが感じられます。湿気らないよう密閉容器で保存しましょう。
本書では「微粒子グラニュー糖EF／塩水港精糖＊」を使用しています。

D 塩：加える量はほんの少しですが、生地の乾燥を防ぐ役割があります。
また、味が引き締まるため、甘いレシピでは味のバランスがよくなり、
塩味のレシピにも合う生地になります。特に指定はありませんが、
塩自体にうまみのあるものを使うと、生地がいっそうおいしくなります。

E ベーキングパウダー：菓子などを作るときに用いる膨張剤で、膨らし粉ともいいます。
加熱によって炭酸ガスが発生し、生地を膨らませる役割があります。
アルミニウムフリーの（ミョウバン／硫酸アルミニウムカリウムが入っていない）ものを
選びましょう。本書では「愛国　ベーキングパウダー＊」を使用しています。

F バター：お菓子作りの際には、必ず食塩不使用のものを選びましょう。
G パイ生地はバターの香りが際立つため、使うバターによって味わいに変化が出ます。
入手できるなら、発酵バターを使うのがおすすめ。仕上がりがぐんと香り高くなります。
本書では「カルピス発酵バター（食塩不使用）＊」を使用しています。
レシピによっては、オリーブオイルを使ったものも。バターよりもサックリと
軽い口当たりになりますが、時間が経つと油の香りが気になる場合もあります。

＊は富澤商店（P.080参照）で購入可。

About Pie Crust
パイ生地について

溶かしバターの「簡単ザクザク生地」は、溶かしたバターを粉類に混ぜ込み、
あとはクッキー生地のようにのばすだけ。これだけ簡単なのに、層ができ、
ざっくりとした食感のしっかりとした生地になります。
細かく切ったバターを使う「練り込みパイ」レシピはよく知られていますが、
溶かしたバターでできてしまう本書のレシピは画期的。
手間がかからず、思い立ったときにパパッと生地作りができます。
溶かしバターの代わりに、オリーブオイルを使っても作れます。
サクサクと軽い食感になり、特に塩味のレシピに向いています。

ブロックバターの「本格サクサク生地」は、小麦粉と細かいバターをざっくりと混ぜ、
生地を何回か折って層を作ります。薄い層が幾重にも重なった生地になり、
サクサクとした軽い食感が特徴。正式な折り込みパイのレシピ
(小麦粉の生地でバターを包み、何回も折る)のほうがきちんとした層ができますが、
バターが溶けてしまう夏場は作りづらく、折る作業も難しいので、
より簡単な即席レシピをご紹介しています。

本書に掲載している簡単ザクザク生地を使ったレシピは、
どちらの生地でもおいしく作ることが可能。
逆に、本格サクサク生地を使ったレシピは、この生地の膨らむ特徴を生かして考えているため、
簡単ザクザク生地でも代用はできますが、仕上がりに違いが出ます。
どちらのレシピも市販の冷凍パイシートを使うこともできます。
その場合は、バター100%のものを使うとよいでしょう。

 パイが層になり、サクサクとする仕組み

小麦粉とバターを完全に混ぜない状態で生地を作り、のばすことで、粉の層とバターの層が
ランダムに並んだ状態になります。その生地をオーブンで焼くことによって、
バターの層が急激に溶けて、水分が蒸発して膨らみ、生地1枚1枚が浮き上がるのです。
簡単ザクザク生地は、溶かしバターを混ぜ込みますが、ざっくりと混ぜ合わせて、
ベーキングパウダーが入るために層ができあがります。
本格サクサク生地は、ブロック状にしたバターがところどころ
生地に混ざり込んでいるため、こちらも層ができている状態になります。

Part.1
溶かしバターの「簡単ザクザク生地」

- とにかく作り方が簡単でスピーディー
- バターの量が少なくヘルシー
- さっぱりとした味わい
- 季節を問わず作れる
- 大きく浮き上がらないので、重石が不要

↓

P.012 〜 053

Part.2
ブロックバターの「本格サクサク生地」

- サクサクとした食感
- 層の重なりが楽しめる
- バターの風味が感じられるリッチな味わい
- レシピの幅が広がる
- 正式な折り込みパイより簡単

↓

P.054 〜 079

EASY PIE CRUST

ザクザクした食感と
ヘルシーな味わいの生地。
シンプルなレシピで
誰でも簡単に作れます。

Part.1
溶かしバターの
簡単ザクザク生地

パイ生地作りは、バターの扱いが難しく
面倒だと思われていますが、ただ混ぜて、
のばすだけのこのレシピは、まさに"魔法"のよう。
バターの量が少なめでシンプルな味わいです。
オリーブオイルでも作れるので、
好みで作り分けるのもおすすめ。

基本の生地の作り方
溶かしバターの「簡単ザクザク生地」

≡ 基本の材料（直径18cm 1台分 約200g）
薄力粉 60g
強力粉 60g
塩 ..... 小さじ¼
砂糖 小さじ1
ベーキングパウダー ..... 小さじ¼（1.5g）
バター 50g
→耐熱ボウルに入れて湯せんにかける、もしくはラップをかけずに600Wの電子レンジで1分ほど加熱して溶かす
水 20cc

≡ オリーブオイルで作る生地
薄力粉 50g
強力粉 50g
塩 ..... 小さじ¼
ベーキングパウダー ..... 小さじ¼（1.5g）
オリーブオイル 30cc
水 25cc
＊バターよりも軽い味わいで、塩味のレシピに向いています。特に、オープンサンドパイ（P.042）、ピラサディエール（P.048）がおすすめです。

01 ボウルに薄力粉、強力粉、塩、砂糖、ベーキングパウダーを入れ、箸でざっくりと混ぜる。（オリーブオイルで作る生地の場合は、砂糖を加えない。ハーブやナッツなど、生地に材料を追加する場合はここで一緒に加える）

02 粗熱をとった溶かしバターを加える。
（オリーブオイルで作る生地の場合は、オリーブオイルを加える）

03 大きな塊ができるまで、箸で混ぜる。ぼろぼろとした生地の塊がいくつかある状態。

04 そぼろ状になるまで、手で混ぜる。
指どうしをこすり合わせるようにして、生地を細かくする。

05 水を加えて混ぜ、ひとまとめにする。ボウルに粉がほぼつかなくなる程度まで。

06 型に入れる場合は、型よりひとまわり大きい程度に生地をのばす。
作業台がない場合は、ラップを敷いて作業をする。

07 型にかぶせて、指で押して密着させる。

08 キッチンばさみなどで、余分な生地を切り落とす。

09 フォークでピケ（穴あけ）をする。底に穴をあけることで、浮き上がりを防ぐ。

・型を使うレシピでは、使用しているサイズを表記していますが、手持ちの型でも作ることは可能です。大きい型を使う場合は材料の分量を1.5倍くらいにして、レシピに書かれている薄さを目安にのばして作り、残った生地はクラッカーなど型を使わないものを作って楽しんでください。
・焼く前の生地に溶き卵もしくは卵黄を塗るのは、つやを出すため。卵黄のほうがよりつやが出ますが、卵白がもったいない場合はよく溶いた全卵（溶き卵）でもOKです。卵黄を使ってほしいものは指定しています。

4種のフルーツパイ
Four Kinds of Fruits Pie

カットしたフルーツやナッツをのせるだけの簡単レシピです。
生地をカットして使うので、いろいろな味が一度に作れるのも魅力。

バナナとパイナップルと
ココナッツのパイ

レモン
アイシングパイ

メープル
ストロベリーのパイ

メープル
キウイのパイ

Banana & Pineapple & Coconut Pie

バナナとパイナップルとココナッツのパイ

≡ 材料（直径15cm 1個分）
簡単ザクザク生地 …… 65g
→ P.014〜015参照、全量で3個できる
卵黄 …… 少々

 filling
バナナ（角切り）…… 大さじ2
パイナップル（角切り）…… 大さじ2
黒砂糖 …… 小さじ2
ココナッツファイン …… 小さじ½

≡ 下準備
オーブンを200℃に予熱する。

1 バナナとパイナップルを黒砂糖で和える。
2 パイ生地を15cmの丸形にのばし、ココナッツファインを散らし、1を中央にのせて縁を折り卵黄を塗る（**a**）。
3 190℃のオーブンで15〜20分焼く。

Lemon Icing Pie

レモンアイシングパイ

≡ 材料（直径5cm 10枚分）
簡単ザクザク生地 …… 50g
→ P.014〜015参照、全量で約40枚できる

 filling
粉砂糖 …… 30g
レモン果汁 …… 小さじ1
レモンの皮（あれば）…… 適宜

≡ 下準備
オーブンを200℃に予熱する。

1 パイ生地を薄くのばし、5cmの花型で抜き、ピケをして（→P.014〜015参照）、190℃のオーブンで10〜15分焼く。
2 粉砂糖に少しずつレモン果汁を加えながら、スプーンなどでゆっくり落ちるくらいの固さになるまで練る（**b**）。
3 生地が冷めたら2を塗り、あればレモンの皮を散らす。

point
a 中身がこぼれないよう、かぶせるように折る
b もったりとして塊が落ちる程度でOK

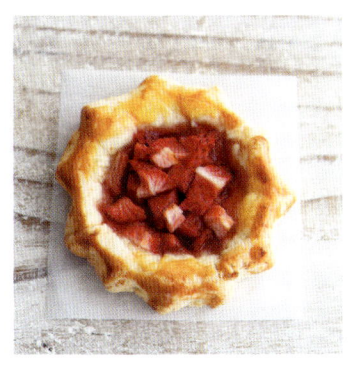

Maple Syrup & Strawberry Pie

メープル
ストロベリーのパイ

≡ 材料（直径8cm　1個分）

簡単ザクザク生地 40g

→ P.014〜015参照、全量で5〜6個できる

卵黄 ..... 少々

filling

いちご ..... 大さじ1 ½（角切り）

メープルシュガー 小さじ1

≡ 下準備

オーブンを200℃に予熱する。

1 パイ生地を8cmの丸形にのばし、ひだを作りながら縁を軽く折る（**c**）。

2 いちごをメープルシュガーで和えて生地の中央にのせ、縁に卵黄を塗る。

3 190℃のオーブンで15〜20分焼く。

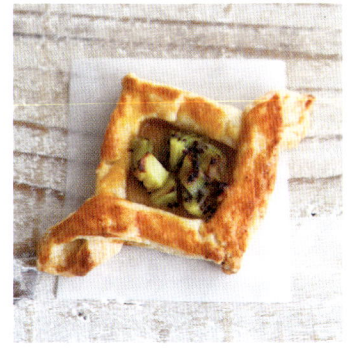

Maple Syrup & Kiwi Pie

メープルキウイのパイ

≡ 材料（10cm角　1個分）

簡単ザクザク生地 40g

→ P.014〜015参照、全量で5〜6個できる

卵黄 ..... 少々

filling

キウイフルーツ ..... 大さじ1（角切り）

メープルシュガー ..... 小さじ½

≡ 下準備

オーブンを200℃に予熱する。

1 パイ生地を10cm角に切り、三角形になるよう折って端から2cmに切り込みを入れる（**d**）。生地を開いて、端を交互に折る（**e**）。

2 キウイフルーツをメープルシュガーで和えて生地の中央にのせ、縁に卵黄を塗る。

3 190℃のオーブンで15〜20分焼く。

point

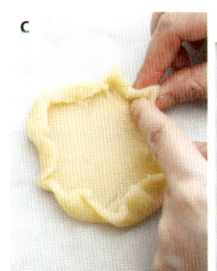

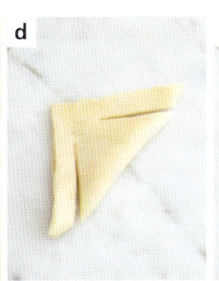

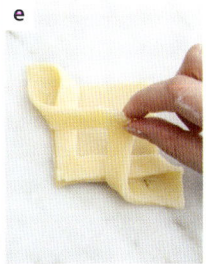

c 生地をつまみ、反対から押して立ち上げていく

d 生地を切り離さないように切り込みを入れる

e 反対側へクロスさせて折り、立体的な形に

Apricot and Cranberry Pie
あんずとクランベリーのパイ

あんず、クランベリー、クリームチーズで甘酸っぱく。
鮮やかな黄色がかわいく、型がいらないのもポイントです。

≡ 材料（直径約24cm 1個分）
簡単ザクザク生地 …… 全量
→ P.014〜015参照

あんず（缶詰）…… 200g（半割）
クランベリー …… 大さじ1
→湯通ししておく

グラニュー糖 …… 大さじ2
アーモンドパウダー …… 大さじ1 ½
あんずジャム …… 大さじ3
クリームチーズ …… 50g

≡ 下準備
オーブンを200℃に予熱する。

1 パイ生地を直径24cm程度にのばして、ピケをする（→ P.014〜015参照）。

2 生地の縁から2cm以上空けてグラニュー糖半量とアーモンドパウダーを振り、あんずをのせる。あんずジャムとクリームチーズをところどころに散らし、あんずのすき間にクランベリーを散らして残りのグラニュー糖をかける。

3 生地の縁をねじりながら立ち上げ（a）、180〜190℃のオーブンで20〜25分焼く。

≡ memo
あんずはもちろん生のものでも可。ほかにも、りんご、洋梨、いちじく、ネクタリンなど、季節のフルーツで楽しんでください。

内側にねじりながら折り、反対から押して立ち上げる

column クロスタータって？

生地がクロスしているから「クロスタータ（Crostata）」なのかと思いきや、クッキー生地を土台にしてジャムなどを詰めて焼いたお菓子のこと。イタリアではとても人気があり、家庭では定番の焼き菓子となっています。

Raspberry Jam and Red Wine Crostata

ラズベリージャムと赤ワインのクロスタータ

イタリアの家庭はおなじみ、クロスの生地がかわいい素朴なお菓子。
ジャムに赤ワインでほんのり風味をつけて、大人っぽい味わいに。

材料（直径17cm 1個分）
簡単ザクザク生地 …… 全量
→ P.014〜015参照

卵黄 …… 1個分

ラズベリージャム …… 100g
赤ワイン …… 大さじ2
シナモンパウダー（好みで）
…… 少々

下準備
オーブンを200℃に予熱する。

1. ラズベリージャムと赤ワインを小鍋に入れ木べらなどで混ぜ、弱火で10分程度煮詰めて水分を飛ばし、好みでシナモンパウダーを加えて冷ます。
2. パイ生地は⅔量を20cmの丸形にのばす。
3. 残りのパイ生地⅓量は8×6cmにのばし、8cmの辺を1cm幅にカットする。
4. 粗熱がとれた**1**を**2**の生地に塗る。**3**を交差させてのせ（**a**）、縁を折り曲げる。
5. 卵黄を表面に塗って、180℃のオーブンで15〜20分、表面がきつね色になるまで焼く。

a

point 上下が交互になるように編んでいく

Chestnut Pie with Cassis Icing
マロンパイ カシスアイシング

ころんとかわいいパイの中には、上品な甘さの栗とクリーム。
栗とカシスは、フランスではよく見かける定番の組み合わせです。

材料（直径約6cm 6個分）
簡単ザクザク生地 ...... 全量
→ P.014〜015参照

卵黄または溶き卵 1個分

 filling

栗の渋皮煮 6個
アーモンドクリーム（作りやすい量）
- グラニュー糖 50g
- アーモンドパウダー 50g
- 卵 1個
- バター 50g
- ラム酒 小さじ1

アイシング
- カシスピュレ 小さじ1
- 粉砂糖 30g
- レモン汁 ..... 少々

下準備
オーブンを200℃に予熱する。
アーモンドクリームのバターを室温に戻す。

1. アーモンドクリームを作る。グラニュー糖とバターを泡立て器ですり混ぜ、アーモンドパウダー、卵、ラム酒を加えて混ぜる。
2. パイ生地を6等分し、12×6cmにのばす。
3. 6cmの辺にそれぞれ2か所、4cm程度の切り込みを入れる。
4. 3の中央にアーモンドクリーム小さじ1程度と栗の渋皮煮をのせ、切り込みの真ん中の生地を引っ張るようにして栗に巻きつける（a）。残りの切り込みの生地も栗に巻きつける（b）(c)。
5. 卵黄か溶き卵を塗って、190℃のオーブンで20分程度焼き、粗熱をとる。
6. アイシングを作る。粉砂糖にカシスピュレとレモン汁を少しずつ加えながらスプーンで混ぜ、ゆっくりと垂れるくらいのなめらかな状態にする（→ P.018参照）。
7. 5に6のアイシングをかける。

memo
アイシングのカシスピュレは、ラズベリーピュレに替えられます。
ほんのりピンク色に仕上がります。

a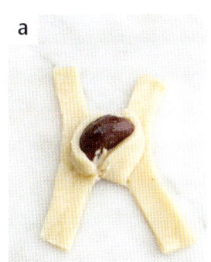
b
c

 point

a 栗の周りを覆うように、生地を引っ張る
b 一番最初の生地の上にくるようにかぶせる
c 栗が見えなくなるよう、生地でしっかり覆う

Key Lime Pie
キーライムパイ

果汁の多いキーライムを使ったことに由来する、アメリカ生まれのパイ。
材料を混ぜるだけで、とろりとしたクリームができる簡単レシピです。

材料（直径26cm 1台分）
簡単ザクザク生地 ..... 全量
→ P.014〜015参照

ライムクリーム
- 卵黄 1個
- コンデンスミルク 120g
- ライム果汁 ..... 60cc(約1½個分)
- ライムの皮のすりおろし ..... ½個分

ホイップクリーム
- 生クリーム 100cc
- グラニュー糖 大さじ1
- ライムの皮のすりおろし ..... ½個分

ライムの薄切り（あれば）..... 適宜

下準備
オーブンを200℃に予熱する。

1 パイ生地をのばして型に敷き、ピケをして（→ P.014〜015参照）、180℃のオーブンで15分空焼きする。
2 ライムクリームを作る。材料をボウルに入れ、なめらかになるまで泡立て器でしっかり混ぜる(a)(b)。
3 1の生地に流し込み、180℃のオーブンで8〜10分焼く。粗熱がとれたら冷蔵庫で冷やす。
4 ホイップクリームを作る。材料をボウルに入れ、泡立て器で混ぜて8分立てにする（泡立て器ですくうと、角が立って先端が曲がる状態）。
5 3の生地に4のクリームをのせ、あればライムの薄切りを飾る。

a 混ぜ始めは、材料が分離している状態
b とろみがつき、混ぜると跡が残るくらい

Maple Pecan Pie
メープルピーカンパイ

素朴な見た目ですが、食べてみると奥深い味わいに驚きます。こっくりとした甘さなので、アイスクリームと相性抜群。

≡ 材料（直径18cm 1台分）
簡単ザクザク生地 …… 全量
→ P.014〜015参照

ピーカンナッツ …… 80g
メープルシロップ …… 80cc
卵黄 …… 2個
生クリーム …… 100cc
シナモン、カルダモン、ナツメグなどのスパイス（好みで）
…… 適宜
ブラウンシュガー …… 大さじ1

≡ 下準備
オーブンを200℃に予熱する。

1 パイ生地をのばして型に敷き、ピケをして（→P.014〜015参照）、180℃のオーブンで15分空焼きする。
2 ボウルにメープルシロップ、卵黄、生クリーム、好みでスパイスを入れて、泡立て器でなめらかになるまでよく混ぜ合わせる。
3 1の生地に2を流し入れ、砕いたピーカンナッツとブラウンシュガーを散らし、180℃のオーブンで20分程度焼く。

Sour Cream and Peach Pie
サワークリームと桃のパイ

レモンとハーブで香りをつけた、華やかな桃のパイ。
混ぜるだけのクリームは、酸味とコクが絶妙です。

≡ 材料（直径8cmのセルクル 4個分）
簡単ザクザク生地 ...... 全量
→ P.014〜015参照

≡ 下準備
オーブンを200℃に予熱する。

桃（湯むきして半分にカット）.... 中2個
グラニュー糖 .... 60g、水 60cc
ハーブ（レモングラス、ミント、
レモンバームなど）.... 少々
レモン汁 1/4個分
ゼラチン 2g
→大さじ1の水でふやかしておく
クリーム
　サワークリーム 50g
　グラニュー糖 小さじ1
　生クリーム 150cc
　はちみつ 小さじ2
粉砂糖（あれば）..... 適宜

1　パイ生地を4等分し、のばしてセルクルに敷き（→P.031参照）、ピケをする（→P.014〜015参照）。180℃のオーブンで15〜20分、全体がしっかりきつね色になるまで空焼きする。
2　水とグラニュー糖を火にかけ、沸騰したら桃と湯むきした皮を少々、ハーブ、レモン汁を加えて1分程度加熱し、火を止めてそのまま5分程度冷やしてハーブの香りを桃に移す。
3　再び火にかけ、軽く温まってきたらふやかしたゼラチンを加えて溶かし、冷蔵庫で冷ます。
4　クリームを作る。サワークリームにグラニュー糖を加え、少しずつ生クリームを入れて角が立つくらいまでしっかり泡立て、最後にはちみつを加えて味を調える。
5　1の生地に4のクリームを入れ、やわらかめに固まった3を盛る。あれば、縁に茶こしなどで粉砂糖を振る。

Raspberry and Banana Pie
ラズベリーとバナナのハートパイ

甘酸っぱいラズベリーと、濃厚なバナナで深い味わいに。
キュートに見せる生地のアレンジもポイントです。

材料（直径8cmのセルクル4個分）
簡単ザクザク生地 ...... 全量
→ P.014〜015参照

冷凍ラズベリー 80g
バナナ ..... 1本（100g）
コーンスターチ 小さじ1/3
グラニュー糖 大さじ1 1/2
レモン汁 小さじ1

下準備
オーブンを200℃に予熱する。

1 パイ生地を5等分して、1つはのばしてハート型に抜く。残りはセルクルに敷き詰め(a)(b)(c)、ピケをする（→P.014〜015参照）。
2 180℃のオーブンで15分空焼きする。
3 バナナを一口大に切り、フィリングの材料をすべて混ぜ合わせる。2の生地に4等分して入れ、ハート形の生地を飾る。
4 180℃のオーブンで15〜20分、ハートがきつね色になるまで焼く。

memo
ハート型がない場合は、手持ちの型を使うかペティナイフでカットしてもいいでしょう。

point
a 側面の生地はひだを作り、型に収める
b 余分な生地は、麺棒を転がして切り離す
c 指で生地を密着させ、型の縁より少し高くする

Ginger Pumpkin Pie

ジンジャーパンプキンパイ

優しい甘さのかぼちゃに、スパイシーなしょうがのアクセント。
木の葉模様の飾りつけで、見た目にもかわいく仕上げました。

材料（直径18cm 1台分）
簡単ザクザク生地 …… 全量
→ P.014〜015参照
溶き卵 …… 約20g（卵1つを使ったフィリングの残り分）

かぼちゃ ….. 正味140g
しょうがのすりおろし ….. 少々
（シナモンパウダーやカルダモンなど好みのスパイスでも可）
ブラウンシュガー ….. 40g
溶き卵 …… 40g
生クリーム ….. 70cc

下準備
オーブンを200℃に予熱する。

1 パイ生地は厚さ2mm程度にのばし、1/3量を木の葉型に抜く。
2 のばした残りのパイ生地2/3量を型に敷き、ピケをして（→P.014〜015参照）、180℃のオーブンで15分程度空焼きする。
3 かぼちゃは皮をむき、電子レンジなどですっと竹串が入る程度に火を通し、ミキサーなどにかけてペースト状にする。しょうがのすりおろし、ブラウンシュガー、溶き卵、生クリームを加えてしっかり混ぜ合わせる。
4 **2**の生地に**3**を流し入れ、縁に**1**の生地の飾りを水でつけ、生地の表面に溶き卵を塗る。180℃のオーブンで20分程度、表面が少し膨らんで揺れなくなるまで焼く。

Tarte Tatin

タルトタタン

敷いたりんごの上に生地をかぶせて焼いた、フランスの有名なお菓子。
酸味のある紅玉などのりんごを使うと、甘酸っぱさがいっそう楽しめます。

材料（直径18cm 1台分）
簡単ザクザク生地 …… 全量
→ P.014〜015参照

filling

りんご（紅玉がおすすめ）…… 中4個
（1個約160g）
グラニュー糖 …… 100g
バター …… 40g

下準備
オーブンを200℃に予熱する。

1 りんごは皮をむき、芯を取って4つ切りにする。
2 フライパンにグラニュー糖を入れ、中火にかけてしばらく混ぜないでおく。
3 グラニュー糖が溶けたらざっと混ぜ、全体が茶色になったら（a）、1のりんご、バターを入れ、全体的に濃いキャラメル色になるまでソテーする。
4 りんごが交互になるように、フライパンに並べる（または型に並べる）。
5 パイ生地をフライパンよりひとまわり大きくのばし、4のりんごを覆うようにかぶせる。縁をフライパンの外側に折り込み、180℃のオーブンで30〜40分、生地がきつね色になるまで焼く。
6 焼き上がったら、すぐに皿などにひっくり返して移す。

memo
すぐにいただかない場合は、ひっくり返さずにそのまま冷やしましょう。
いただく前に少しりんご部分（フライパンの底）を温めてからひっくり返すと、キャラメルが少し溶けて抜けやすくなります。
パイ生地がキャラメルでしんなりすることもありません。

point
a 茶色になり、ふつふつと泡立ったらOK
b 隙間を埋めるように、りんごを詰めていく

Two Kinds of Chocolate Pie
2種のチョコレートパイ

リキュールのきいたふわふわムースと
ザクザク生地がよく合います。
中には風味づけしたドライフルーツをしのばせました。

a

point

ガナッシュとドライフルーツが中に入っている

Bitter Chocolate Mousse Pie

A ビターチョコレートムースパイ

材料（直径8cmのセルクル 4個分）

簡単ザクザク生地 ..... 全量
→ P.014〜015参照

filling

チョコレートクリーム
| チョコレート（カカオ60%以上）..... 60g
| 生クリーム 240cc

ガナッシュ
| チョコレート（カカオ60%以上）..... 60g
| 生クリーム（乳脂肪分35%）..... 40cc
| はちみつ 小さじ1

ウイスキー漬けのプルーン 4個
→ウイスキー50ccにできれば一晩以上漬けておく

仕上げ：ココア（好みで）..... 適宜

下準備
オーブンを200℃に予熱する。

1 チョコレートクリームを作る。チョコレートを細かく刻んで耐熱ボウルに入れ、沸騰直前まで温めた生クリーム50ccを注いで溶かす。溶けたら残りの生クリームを少しずつ加えてのばし、冷蔵庫で一晩冷やしておく。

2 パイ生地を4等分して、のばしてセルクルに敷き（→P.031参照）、ピケをする（→P.014〜015参照）。180℃のオーブンで15〜20分、全体がしっかりときつね色になるまで空焼きし、冷ましておく。

3 ガナッシュを作る。チョコレートを細かく刻んで耐熱ボウルに入れ、沸騰直前まで温めた生クリーム、はちみつを注いでゆっくり溶かして混ぜ、2の生地に流し入れてプルーンをのせる（a）。

4 1をしっかり角が立つまで、泡立て器で混ぜる。3にスプーンでポンポンと落とし、好みでココアを茶こしなどで振る。

White Chocolate and Coffee Pie

B ホワイトチョココーヒーパイ

材料（直径8cmのセルクル 4個分）

簡単ザクザク生地 ..... 全量
→ P.014〜015参照

filling

ガナッシュ
| ホワイトチョコレート 100g
| コーヒー豆（挽いたもの）..... 小さじ2
| 生クリーム 50cc
| ココナッツファイン 大さじ1
| ラムレーズン 大さじ1

コーヒー風味クリーム
| インスタントコーヒー 小さじ1
| 湯 ..... 小さじ½
| グラニュー糖 小さじ1
| 生クリーム 100cc

仕上げ：挽いたコーヒーや
コーヒー豆チョコレート（好みで）..... 適宜

下準備
オーブンを200℃に予熱する。

1 ビターチョコレートムースパイの2と同様に生地を焼く。

2 ガナッシュを作る。ホワイトチョコレートは細かく刻み、耐熱ボウルに入れる。生クリームにコーヒー豆を入れ、沸騰直前まで電子レンジで温める。茶こしでこしながらホワイトチョコレートに加えて溶かす。ココナッツファインを加えて混ぜる。

3 1に流し入れてラムレーズンを散らし（a）、冷蔵庫で2、3時間冷やす。

4 コーヒー風味クリームを作る。生クリームにグラニュー糖を加え、泡立て器で8分立てにする（泡立て器ですくうと、角が立って先端が曲がる状態）。湯で溶いたインスタントコーヒーを半量加えて混ぜる。

5 3に4をスプーンでポンポンと落とし、残りのインスタントコーヒーをスプーンなどでマーブル状になるようにかけ、好みで仕上げを飾る。

Cream Cheese and Grape Pie
レアチーズとぶどうのパイ

爽やかなチーズクリームにも白ワインで風味をつけて、
ぶどうのおいしさを存分に楽しめる贅沢な一品に。

≡ 材料（直径18cm 1台分）
簡単ザクザク生地 …… 全量
→ P.014〜015参照

filling

クリーム
　クリームチーズ …… 200g
　ヨーグルト（無糖）…… 50g
　生クリーム …… 100cc
　グラニュー糖 …… 50g
　白ワイン …… 大さじ1 ½
　粉ゼラチン …… 2g
　→小さじ2の水でふやかしておく

ぶどう（種なし）…… 2房
ナパージュ（あれば）…… 大さじ2
→白ワイン小さじ2で溶いておく

≡ 下準備
オーブンを200℃に予熱する。
クリームチーズを室温に戻す。

1. パイ生地をのばして型に敷き、ピケをして（→P.014〜015参照）、180℃のオーブンで15〜20分、表面がきつね色になるまでしっかり焼く。
2. クリームを作る。クリームチーズにグラニュー糖を加え、なめらかになるまで泡立て器でよく混ぜる。固いようなら湯せんにかける。
3. ふやかしたゼラチンに温めた白ワインを加えてよく溶かす。溶けないようなら湯せんにかけて溶かし、2に加えて混ぜる。ヨーグルトと生クリームを加え、更になめらかになるまでしっかり混ぜる。
4. 粗熱がとれた1のパイ生地に3を流し込み、冷蔵庫で30分程度冷やす。
5. 完全に固まる前に皮を取ったぶどうを並べ、あればナパージュを表面に塗る。

Caramel Mango Pie
キャラメルマンゴーパイ

濃厚でほろ苦いキャラメルと甘酸っぱいマンゴー。
とろりとやわらかめのソースなので、ミニサイズが合います。

材料（直径8cmのセルクル4個分）
簡単ザクザク生地 ...... 全量
→ P.014〜015参照

filling

キャラメルソース
　グラニュー糖 100g
　水 小さじ2
　生クリーム（乳脂肪分35％）...... 80cc
　バター 小さじ1
　ラム酒 ...... 大さじ½
マンゴー 小2個または大1個
ピスタチオ ...... 小さじ½（粗みじん切り）

下準備
オーブンを200℃に予熱する。
生クリームを室温に戻す。

1. パイ生地を4等分して、のばしてセルクルに敷き（→P.031参照）、ピケをする（→P.014〜015参照）。180℃のオーブンで15〜20分、全体がしっかりときつね色になるまで空焼きする。

2. キャラメルソースを作る。小鍋にグラニュー糖と水を入れ中火にかける。薄い茶色になってきたらざっと混ぜ、全体がキャラメル色の水あめ状になったら火を止め、余熱で濃いキャラメル色にする。

3. 2に生クリームを加えて弱火にかけ、全体が均一の状態になりふつふつというまで、ゴムべらで混ぜながら1、2分程度煮る。バターとラム酒を加えて混ぜる。

4. 1の生地に3を流し入れ、冷蔵庫で1時間以上冷やす。

5. マンゴーは皮をむき角切りにして4にのせ、ピスタチオを散らす。

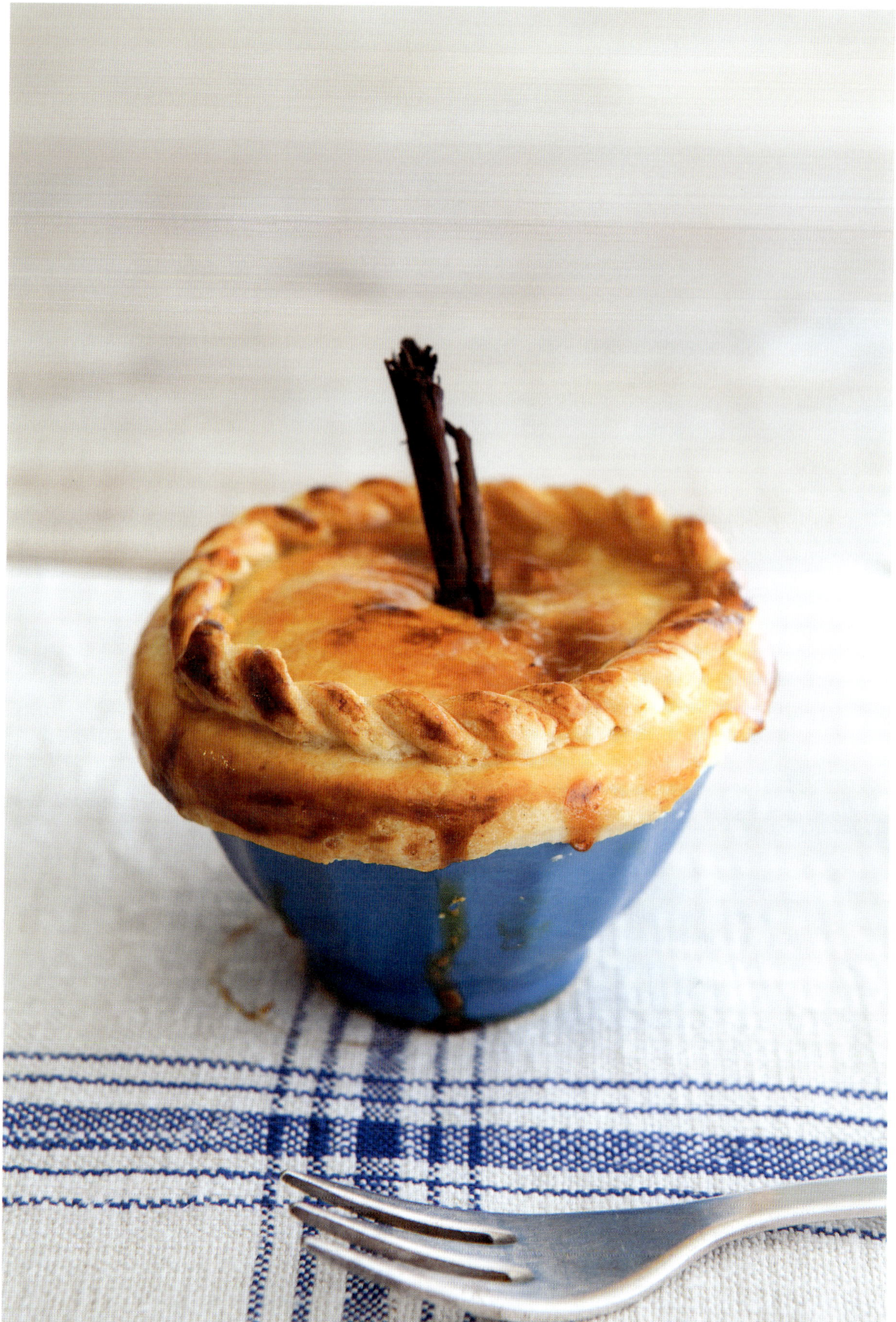

Caramel and Dried Fruits Apple Pie

粒キャラメルとドライフルーツのアップルパイ

市販のキャラメルでコクを出し、干しあんずで酸味をプラス。
ドライフルーツを入れることで、余分な水分を吸収しておいしくなります。

≡ 材料
（120ccの耐熱カフェオレボウル4個分）

簡単ザクザク生地 ...... 全量
→ P.014〜015参照

卵黄 1個分

filling

りんご ..... 300g（中1個）
干しあんず 4個
キャラメル 6粒
レーズン 大さじ2
コーンスターチ 小さじ2
ブラウンシュガー 40g
レモン汁 大さじ1
シナモンスティック 1本

≡ 下準備
オーブンを200℃に予熱する。

1. パイ生地を5等分して、1つは更に8等分にして細長くし、2本ずつまとめて1本の縁飾りにする（**a**）。残りはカフェオレボウルの直径よりひとまわり大きい丸形にのばす。
2. りんごは皮をむき、芯を取って一口大の薄切りにする。
3. 干しあんずはみじん切り、キャラメルは6等分程度にカットする。
4. ボウルに **2**、**3**、レーズン、コーンスターチ、ブラウンシュガー、レモン汁を入れてよく混ぜる。
5. カフェオレボウルに **4** を4等分にして入れ、縁に溶き卵を塗った **1** の丸形の生地を上からかぶせ（**b**）、縁を容器にしっかりくっつける。
6. 中央に適当な長さにカットしたシナモンスティックを刺し、表面に卵黄を塗って **1** の縁飾りをつける。180℃のオーブンで30分、しっかりと焼き色がつくまで焼く。

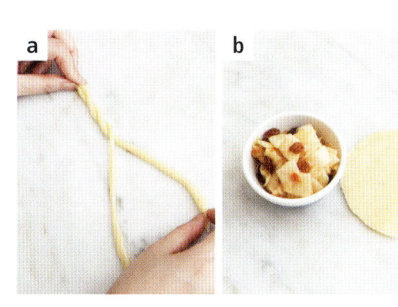

point
a 細くのばした生地2本をねじって1本にする
b 焼くとかさが減るので、フィリングは山盛りでOK

Two Kinds of Open Sandwich Pie
2種のオープンサンドパイ

ザックリとしたパイ生地を、オープンサンド風に楽しみます。
塩気と酸味、甘みをバランスよく組み合わせて、おしゃれな味わい。

Sesame flavored Pie with Smoked Salmon and Yogurt Sause

A スモークサーモンとヨーグルトのごま風味パイ

材料（20×7cm 2枚分）
簡単ザクザク生地 …… 全量
→ P.014〜015参照（オリーブオイル使用の生地）

白ごま …… 大さじ1

filling

スモークサーモン …… 4枚
きゅうり …… ½本
玉ねぎ …… 20g
ヨーグルト（無糖） …… 150g
→キッチンタオルやコーヒーフィルターなどで水切りしておく

オリーブオイル …… 小さじ1
塩・こしょう …… 少々
ディル …… 少々
ピンクペッパー …… 少々

下準備
オーブンを200℃に予熱する。

1 パイ生地に白ごまを混ぜてまとめ、20×14cmにのばし、軽くピケして14cmの辺を半分にカットする。180〜190℃のオーブンで10〜15分焼く。

2 きゅうりは薄い半月切り、玉ねぎ、飾り用を残したディルはみじん切りにする。

3 2の玉ねぎとディル、オリーブオイルをヨーグルトに加えて混ぜ、塩・こしょうで味を調える。

4 粗熱がとれた1の生地に3のクリームを塗り、一口大に切ったスモークサーモン、きゅうり、ディル、ピンクペッパーを飾る。

Fig and Gorgonzola Cheese Pie

B いちじくとゴルゴンゾーラチーズのパイ

材料（共通：20×7cm 2枚分）
簡単ザクザク生地 …… 全量
→ P.014〜015参照（オリーブオイル使用の生地）

filling

ゴルゴンゾーラチーズ
（ほかのブルーチーズでも可） …… 20g
いちじく …… 1個
ルッコラ …… 10g
くるみ …… 10g
はちみつ（好みで） …… 適宜

下準備
オーブンを200℃に予熱する。

1 パイ生地を20×14cmにのばし、軽くピケして14cmの辺を半分にカットする。180〜190℃のオーブンで10〜15分焼く（横でくるみも空焼きする）。

2 いちじくは皮をむいて一口大に切り、ルッコラも一口大にちぎる。

3 粗熱がとれた生地にゴルゴンゾーラチーズを塗り、2のいちじくとルッコラ、1のくるみを散らす。好みではちみつをかける。

Sausage Pie
ソーセージパイ

とてもシンプルなレシピですが、誰もが好きな定番の味。
ぐるぐると生地を巻きつけて、見た目もキュートにしました。

材料（8個分）
簡単ザクザク生地 …… 全量
→ P.014〜015参照

卵黄または溶き卵 …… 1個分

filling
ソーセージ（長さ13cm程度のもの）
…… 8本

下準備
オーブンを200℃に予熱する。

1 パイ生地は30×12cm程度にのばし、12cmの辺を1.5cm幅にカットする。
2 ソーセージに1の生地を巻きつけ、表面に卵黄か溶き卵を塗る。190℃のオーブンで10〜15分焼く。

memo
好みで粉チーズや黒こしょうを振るのもおすすめです。

Tomato and Cheddar Cheese Pie
トマトチェダーチーズパイ

フレッシュなトマトとうまみのあるチーズでピザ風に。
好みのハーブを散らして、風味も楽しんでください。

材料（直径10cm 4個分）
簡単ザクザク生地 ...... 全量
→ P.014〜015参照

filling
トマト 大1個
チェダーチーズ（すりおろし）
..... 大さじ4
黒こしょう ..... 少々
バジルなどのハーブ（好みで） ..... 適宜

下準備
オーブンを200℃に予熱する。

1 パイ生地を4等分し、直径10cm程度の丸形にのばす。
2 トマトはヘタを取り、厚さ1cmにスライスし、種を取る。
3 1の生地にそれぞれチェダーチーズ大さじ½を振り、2をのせ、縁を軽く折って土手を作る。更に上からチェダーチーズ大さじ½を振る。黒こしょうを振り、190℃のオーブンで10〜15分焼く。好みでハーブを飾る。

Part.1 ● EASY PIE CRUST 046 / 047

A
B
C
D
E

Cracker Pie & Stick Pie
2種のクラッカーパイ＆3種のスティックパイ

生地を1つ作ったら、さまざまな味のおつまみに。
ハーブやチーズなど、どんなものにもよく合います。

≡ 共通の材料
簡単ザクザク生地 …… 100g
→ P.014〜015参照

≡ 共通の下準備
オーブンを200℃に予熱する。

filling

A プレーンクラッカーパイ
（4cm角 15枚分）
塩 小さじ1/3
こしょう ..... 少々

B ハーブのクラッカーパイ
（4cm角 15枚分）
シブレット、ディルなどの
ハーブ ..... 大さじ1（みじん切り）
塩・こしょう ..... 少々

C カレー粉のスティックパイ
（12cm 20本分）
カレー粉 小さじ1/2
塩 小さじ1/3

D パンチェッタのスティックパイ
（12cm 20本分）
パンチェッタ 15g

E 黒こしょうと粉チーズの
スティックパイ（12cm 20本分）
黒こしょう ..... 少々
粉チーズ 小さじ2

A パイ生地を12×20cm程度にのばし、4cm角にカットして塩、こしょうを振る。190〜200℃のオーブンで12〜15分焼く。

B パイ生地にハーブを混ぜ込み、12×20cm程度にのばし、4cm角にカットして塩・こしょうを振る。190〜200℃のオーブンで12〜15分焼く。

C パイ生地を12×20cm程度にのばしてカレー粉と塩をまぶし、20cmの辺を1cm幅にカットする。190〜200℃のオーブンで12〜15分焼く。

D パイ生地を12×20cm程度にのばし、薄切りにしたパンチェッタをのせてたたみ、さらにパンチェッタをのせてたたんでのばす。20cmの辺を1cm幅にカットしてねじり、190〜200℃のオーブンで12〜15分焼く。

E 黒こしょうと粉チーズをパイ生地に練り込み、12×20cm程度にのばして20cmの辺を1cm幅にカットする。190〜200℃のオーブンで12〜15分焼く。

Part.1 • EASY PIE CRUST   048 / 049

Pissaladiére

ピサラディエール

フランス南部で食べられているピザに似た料理をアレンジしました。
玉ねぎの甘みと、アンチョビの塩気はワインに合う組み合わせ。

材料（直径26cm 1枚分）
簡単ザクザク生地 …… 全量
→ P.014〜015参照（オリーブオイル使用の生地）

filling

玉ねぎ …… 大1個
にんにく …… 1かけ（薄切り）
オリーブオイル …… 大さじ½
アンチョビフィレ …… 6切れ
オリーブ（種あり、黒）…… 4個
トマトピュレ …… 大さじ2
塩 …… 少々

下準備
オーブンを200℃に予熱する。

1 玉ねぎは皮をむき、薄切りにする。フライパンににんにくとオリーブオイルを入れて熱し、玉ねぎがあめ色になるまで中弱火でじっくり炒める。塩を加えて味を調える。
2 パイ生地を26cmの丸型にのばす。
3 2の生地にトマトピュレを薄く広げて1をのせ、アンチョビフィレと種を取ってざく切りにしたオリーブを散らす。
4 190℃のオーブンで15〜20分程度焼く。

memo
語源となった「ピサラ（pissalat）」とは、アンチョビを作る際にできる魚醤のこと。ピサラディエールは、ニースなど南フランスのプロヴァンス地方で食べられています

A

Two Kinds of Quiche Pie
2種のパイキッシュ

甘みと塩気のバランスが絶妙な2種のレシピをご紹介。
ざっくりとした生地なので、軽い味わいが楽しめます。

Part.1 ● EASY PIE CRUST

B

Taro and Anchovy Pie Quiche

A さといもとアンチョビパイのキッシュ

☰ 材料（直径18cm 1台分）
簡単ザクザク生地 …… 全量
→ P.014〜015参照

filling

アパレイユ
- 溶き卵 …… 1個分
- 生クリーム …… 50cc
- 牛乳 …… 50cc
- 塩・こしょう …… 少々

さといも …… 100g
れんこん …… 30g
アンチョビフィレ …… 小さじ½
（みじん切り）
にんにく …… 1かけ（みじん切り）
パセリ …… 小さじ1（みじん切り）
ピンクペッパー（あれば）…… 適宜

☰ 下準備
オーブンを200℃に予熱する。

1. パイ生地をのばして型に敷き、ピケをして（→P.014〜015参照）、180℃のオーブンで15分空焼きする。
2. さといもは竹串がスッと通るまで蒸すか、電子レンジで加熱し、皮をむいて一口大に切る。
3. れんこんは皮をむき、一口大の薄切りにする。
4. **2**、**3**、アンチョビフィレ、にんにく、パセリをボウルに入れて軽く混ぜ、**1**の生地にのせる。アパレイユの材料を混ぜ合わせて流し入れ、180℃のオーブンで20〜25分、色がついて表面が固まるまで焼く。あればピンクペッパーを散らす。

Chestnut and Bacon Pie Quiche

B 栗とパンチェッタのパイキッシュ

☰ 材料（直径18cm 1台分）
簡単ザクザク生地 …… 全量
→ P.014〜015参照

filling

アパレイユ
- 溶き卵 …… 1個分
- 生クリーム …… 50cc
- 牛乳 …… 50cc
- 塩・こしょう …… 少々

栗（市販のむき甘栗）…… 50g
パンチェッタ（ベーコンでも可）…… 40g
マッシュルーム …… 1パック
にんにく …… 1かけ（みじん切り）

☰ 下準備
オーブンを200℃に予熱する。

1. パイ生地をのばして型に敷き、ピケをして（→P.014〜015参照）、180℃のオーブンで15分空焼きする。
2. パンチェッタを一口大、マッシュルームは2等分に切る。パンチェッタ、マッシュルーム、にんにくをフライパンに入れて中火で炒める。
3. **1**の生地に栗と**2**を散らす。アパレイユの材料を混ぜ合わせて流し入れ、180℃のオーブンで20〜25分、色がついて表面が固まるまで焼く。

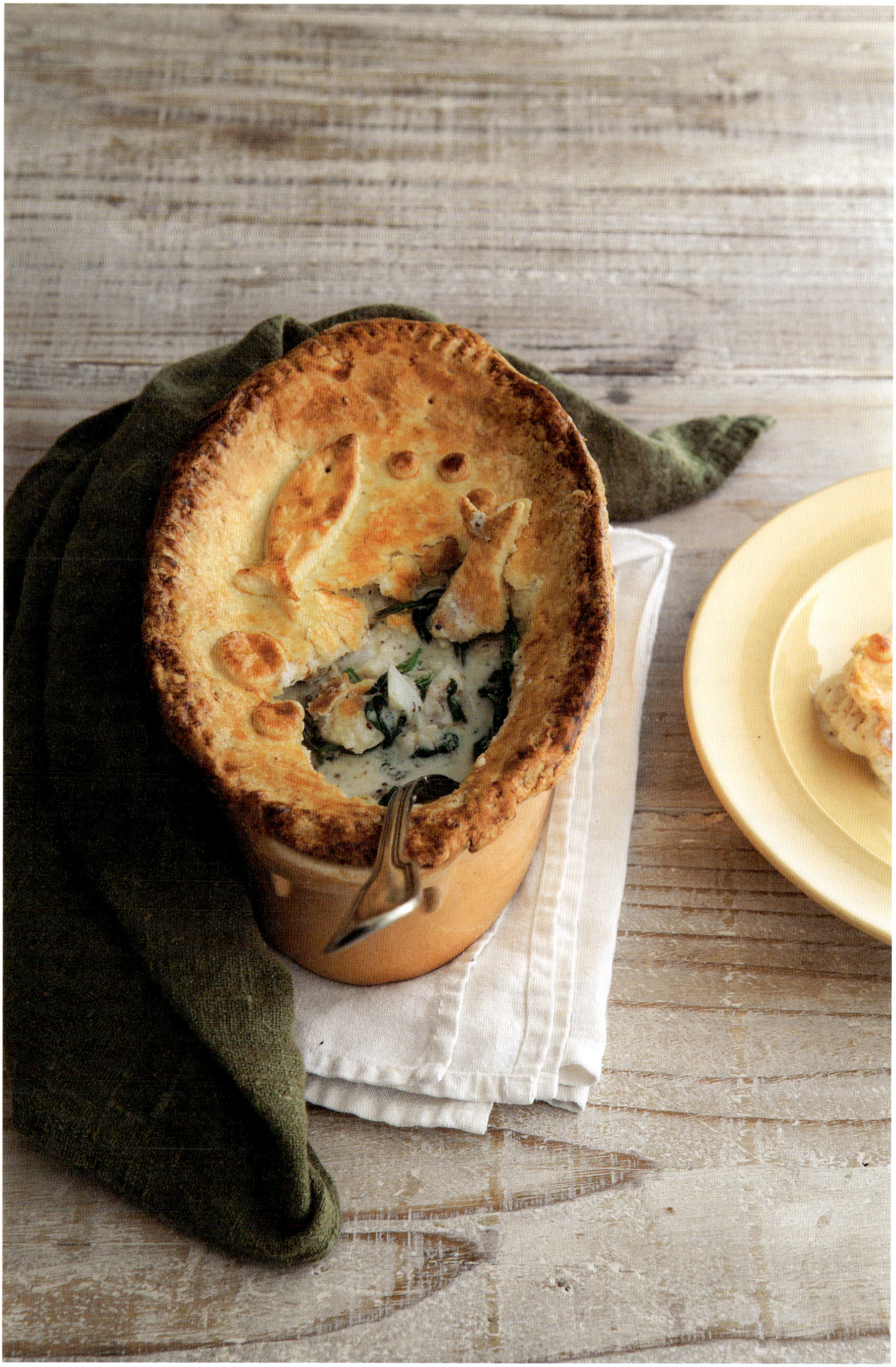

Casserole of Cod and Vegetables

タラと野菜のキャセロール

キャセロールはフランス語で「鍋」を指し、鍋の料理を意味します。
パイ生地を崩して、とろりとしたフィリングと一緒にめしあがれ。

材料
(21×14×高さ5cmの楕円型 1台分)
簡単ザクザク生地 …… 全量
→ P.014〜015参照
溶き卵 …… 1個分

filling
タラ …… 3切れ
ほうれん草 …… 1束
じゃがいも …… 1個
白ワイン …… 大さじ1
塩・こしょう …… 少々
とろけるチーズ …… 30g
フィリング
　サワークリーム …… 90cc
　粒マスタード …… 大さじ1
　牛乳 …… 70cc
　片栗粉 …… 小さじ1
　→水小さじ1で溶いておく
　ローズマリー …… 少々
　塩・こしょう …… 少々

下準備
オーブンを190℃に予熱する。

1. タラはそれぞれ3等分にして、白ワイン、塩・こしょうを振ってラップをし、600Wの電子レンジで2分加熱して水分を切る。
2. ほうれん草はゆでて、5cm長さにカットする。じゃがいもは皮をむき、厚さ1、2mmの薄切りにする。1のタラ、ほうれん草、じゃがいもを耐熱容器に入れ、とろけるチーズを散らす(**a**)。
3. フィリングを作る。サワークリーム、粒マスタード、牛乳、水溶き片栗粉をよく混ぜ合わせ、塩・こしょうで味を調える。細かくちぎったローズマリーを加えて混ぜ、2の耐熱容器に入れる。
4. パイ生地を20g分けて、ペティナイフなどで魚形や丸形に切る(下のイラストを型紙にして、生地に置いて切り取るとよい)。残りのパイ生地を耐熱容器よりひとまわり大きくのばし、縁に溶き卵を塗り、上からかぶせて縁を容器にぴったりとつける。縁にフォークなどで模様をつけ(**b**)、切り取った生地に溶き卵をつけて表面に貼り、縁と表面に溶き卵を塗る。
5. 表面に軽くピケをして(→P.014〜015参照)、180℃のオーブンで30分、生地がこんがりとするまで焼く。

point
a 具材を器にバランスよく敷き詰める
b フォークの先を生地に押しつけて模様を施す

ROUGH PUFF PASTRY

幾重にも重なる層と
サクサクとした軽い食感。
面倒な折り込みパイが
より簡単に作れます。

Part.2
ブロックバターの
本格サクサク生地

バターの風味が香ばしく、ほろほろと口の中で
崩れる食感は、やはり折り込みパイならではのもの。
ひと手間必要ですが、失敗しづらく、
より簡単な方法をご紹介します。
生地だけで十分おいしいので、ぜひトライしてみてください。

基本の生地の作り方
ブロックバターの「本格サクサク生地」

≡ 材料（約530g分 作りやすい分量）
薄力粉 90g
強力粉 130g
バター 200g
A ⌈ 冷水 ..... ½カップ（100cc）
  │ 白ワインビネガー（または米酢）..... 小さじ1
  ⌊ 塩 4g
打ち粉（薄力粉）..... 適量

01 下準備をする。バターを2cm角程度に切り、冷蔵庫で冷やす。
Aを混ぜ合わせておく。

02 薄力粉、強力粉をボウルに入れ、バターを加えて、カードで切るように混ぜる。
上からザクザクと刻むようにする。
（カードがない場合は、ナイフやフォークなどで可）

03 バターが豆粒くらいに細かくなり、生地がそぼろ状になったら、中央をへこませる。

04 へこませた部分にAを少しずつ加える。
（酢を加えることで、生地がのびやすくなって層が細かくなる）

05 粉に水分を吸収させながら、ひとまとめにする。

06 まだ粉っぽさが少し残っている程度でOK。

07 大きめのラップを広げ、ボウルの中身をすべて空ける。
ボウルについた粉なども一緒に入れること。

08 ラップで包み、冷蔵庫で一晩休ませる。
（生地を休ませることによって、小麦粉グルテンのコシが切れるので、
あとの作業がスムーズにできる）

09 ラップを外し、15×30cm×厚さ5mm程度になるように麺棒でのばす。
のばしたい大きさにしたラップで包み、それに合わせてのばすと作業がしやすい。

01	02	03
04	05	06
07	08	09　15 cm　30 cm　1回目

10 向こう側の短い辺を、長い辺の⅓のところで内側に折り、
手前側も半分に折る。折った長さが2:1程度になるように。

11 更に、向こう側から半分に折る。
再度ラップで包み、冷蔵庫で1時間休ませる。

12 2回目の折り込み作業。
短い辺が手前にくるように90°回転させて置き、
真ん中を少し麺棒で押し、生地がずれないように、のばしやすくする。

13 15×30cm 程度になるように麺棒でのばす。

14 向こう側の短い辺を、長い辺の⅓のところで内側に折り、
手前も半分に折る。

15 更に、向こう側から半分に折る。再度ラップで包み、
冷蔵庫で1時間休ませる。

16 3回目の折り込み作業。
短い辺が手前にくるように90°回転させて置き、
真ん中を少し麺棒で押し、生地がずれないように、のばしやすくする。

17 15×30cm 程度になるように麺棒でのばす。

18 向こう側の短い辺を、長い辺の⅓のところで内側に折り、手前側を半分に折る。
更に、向こう側から半分に折る。ラップで包み、冷蔵庫で1時間休ませる。
もう一度同様に生地を折り、冷蔵庫で30分休ませると
完成（計4回折ることになる）。できた生地は使う用途に合わせて分け、
それぞれ厚さ5mm程度にのばして、ラップで包んで保存する。

point
- 型を使うレシピでは、使用しているサイズを表記していますが、手持ちの型でも作ることは可能です。
大きい型を使う場合は材料の分量を1.5倍くらいにして、レシピに書かれている薄さを目安にのばして作り、
残った生地はクラッカーなど型を使わないものを作って楽しんでください。
- 焼く前の生地に溶き卵もしくは卵黄を塗るのは、つやを出すため。
卵黄のほうがよりつやが出ますが、卵白がもったいない場合はよく溶いた全卵（溶き卵）でも OKです。
卵黄を使ってほしいものは指定しています。

ROUGH PUFF PASTRY
Part.2

10
11
12 2回目
13
14
15
16 3回目
17
18

スパイス&ピーナッツの
ねじりパイ

ごま塩のねじりパイ

くるみ＆黒砂糖の
ねじりパイ

シナモンシュガーの
ねじりパイ

Stick Pie Snacks
2種のおつまみパイ＆2種のおやつパイ

生地をスティック状にして、おつまみとおやつを4種作ります。
驚くほど簡単なのに、食感が生きた素敵な一品のできあがり。

Spice & Peanut Pie
スパイス&ピーナッツのねじりパイ

≡ 材料（12cm 8本分）
本格サクサク生地 50g
→ P.056〜059参照

filling

ピーナッツ ..... 小さじ1（みじん切り）
チリパウダー、ガーリックパウダー ..... 各小さじ¼
パプリカ、塩 各小さじ1
クミンパウダー ..... 小さじ½

Sesame & Salt Pie
ごま塩のねじりパイ

≡ 材料（12cm 8本分）
本格サクサク生地 50g
→ P.056〜059参照

filling

黒ごま 大さじ1
塩 ..... 小さじ¼

Cinnamon & Sugar Pie
シナモンシュガーのねじりパイ

材料（12 cm 8本分）
本格サクサク生地 ..... 50 g
→ P.056〜059参照

filling

シナモンパウダー 小さじ1
グラニュー糖 大さじ1

Walnut & Brown Sugar Pie
くるみ&黒砂糖のねじりパイ

材料（12 cm 8本分）
本格サクサク生地 ..... 50 g
→ P.056〜059参照

filling

くるみ（砕いたもの） ..... 大さじ½
黒砂糖 大さじ1

下準備（共通）
オーブンを200℃に予熱する。

1 パイ生地は12×10 cm 程度にのばし、片面にはけで水を塗り、それぞれの具材をまぶす。
2 10 cmの辺を1〜1.5 cm 幅にカットしてねじる。
3 190℃のオーブンで15分程度、層がこんがりときつね色になるまで焼く。

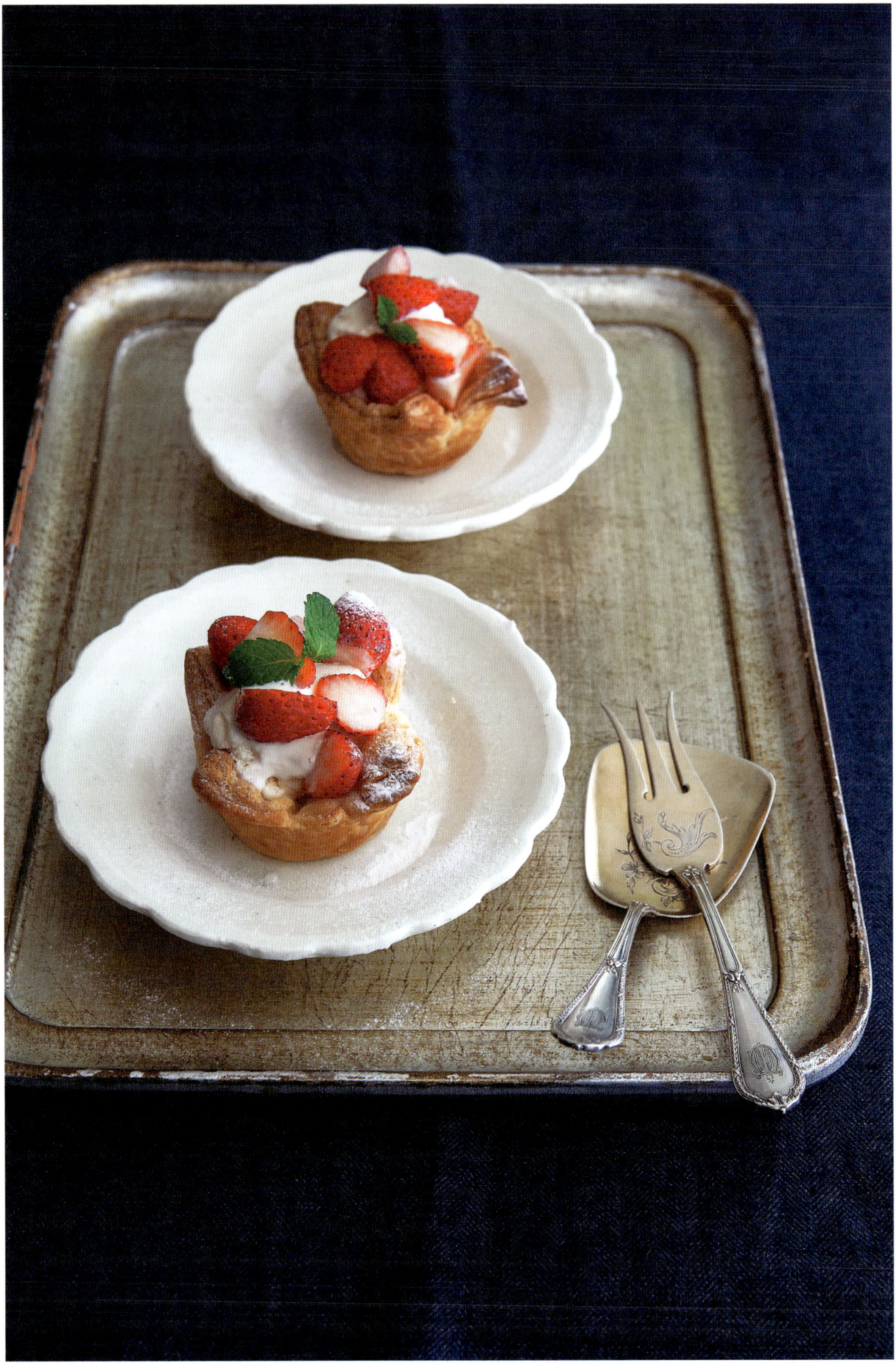

Strawberry Cup Pie
いちごのカップパイ

カップを使って焼けば、器のような形の生地に。
アイスクリームといちごで、華やかデザートの完成。

≡ 材料（直径5cm 4個分）
本格サクサク生地 150g
→ P.056〜059参照

filling

いちご ..... ½パック
バニラアイスクリーム 4すくい
粉砂糖 ..... 適量
ミントの葉（あれば）..... 適宜

≡ 下準備
オーブンを200℃に予熱する。

1. パイ生地を20cm角にのばし、10cm角にカットし、ピケをする（→P.014〜015参照）。
2. マフィン型（底直径5cm）に敷き（**a**）、オーブンシートをかぶせ、重石をのせる（**b**）。200℃のオーブンで15分、重石を取って粉砂糖を振り、更に180℃で15分、底もきつね色になるまでしっかり焼く。
3. 2が冷めたらアイスクリームを入れ、カットしたいちごを飾り、上から茶こしなどで粉砂糖をかける。あればミントの葉を飾る。

≡ memo
ラズベリージャムなど、好みのジャム大さじ1½を底に入れるのもおすすめです。

point
a 生地どうしが重なる部分は、押しつける
b 生地が浮き上がらないよう、重石をしっかりのせる

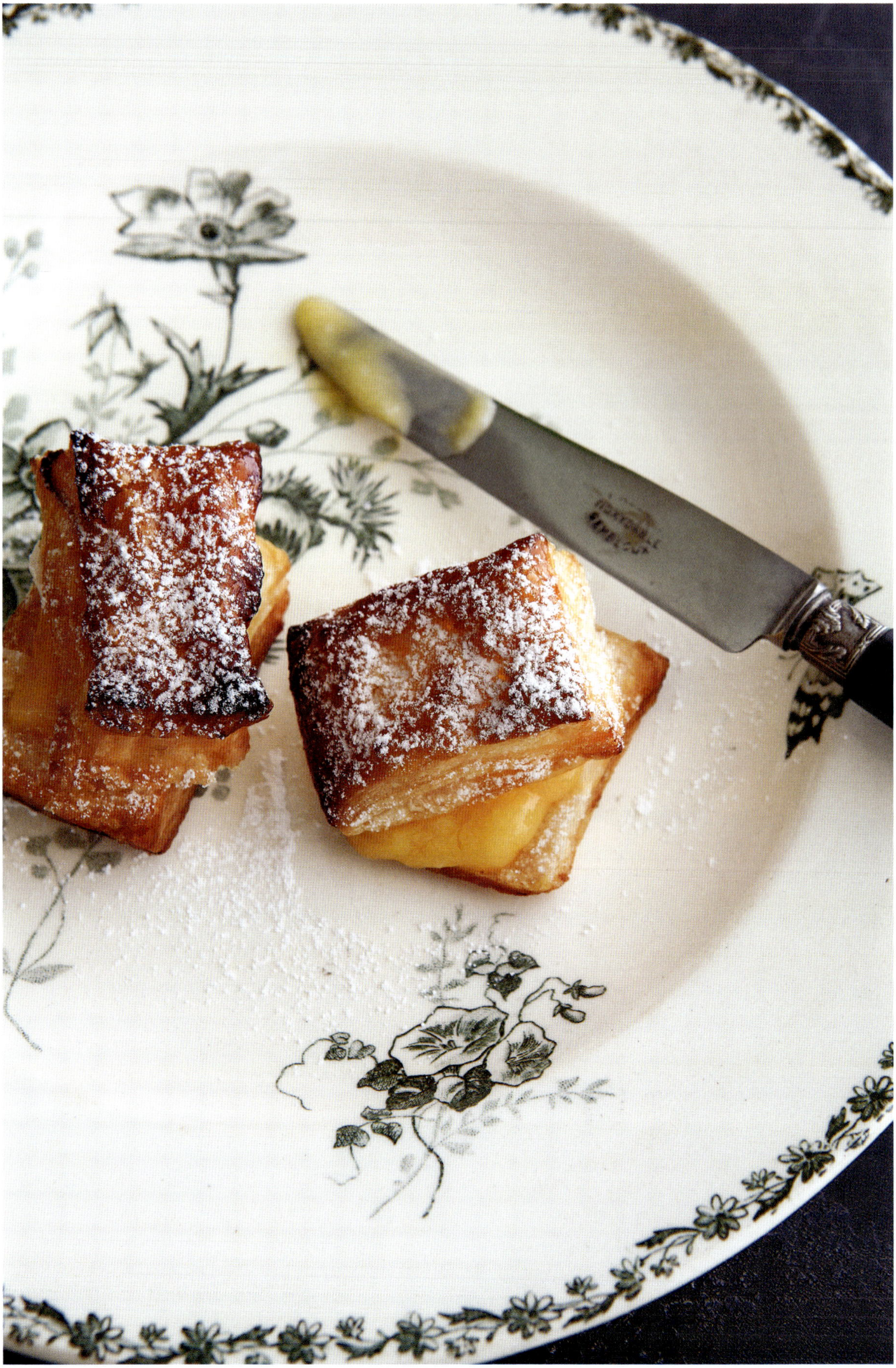

Lemon Cream Pie

レモンクリームパイ

とろりとしたレモンクリームは、しっかり酸味をきかせました。
サクサクとした生地で挟んでいただくパイサンドです。

材料（3×4cm 16個分）
本格サクサク生地 150g
→ P.056〜059参照

粉砂糖 ..... 適量

filling
レモンクリーム
- コーンスターチ 10g
- グラニュー糖 80g
- 卵 2個
- 卵黄 1個
- レモン汁 80cc
- レモンの皮すりおろし 1個分
- バター 20g

下準備
オーブンを200℃に予熱する。

1 パイ生地を20cm角にのばし、フォークでピケして5cm角に16枚カットする。

2 表面に粉砂糖を茶こしでたっぷり振り、180℃のオーブンで15分程度、表面の砂糖が溶けてキャラメル色になるまで焼く。

3 レモンクリームを作る。バター以外の材料を小鍋に入れて、泡立て器でしっかりかき混ぜながら中火にかける。

4 ふつふつとなってきたら火を止め、しっかりかき混ぜて一度こす。

5 熱いうちにバターを加え、余熱で溶かす（**a**）。

6 バットなどに広げ、雑菌が入らないようにラップをクリームに密着させてかけ、冷凍庫に入れるか、氷水を入れたバットで挟むなどして急速に冷やす。

7 生地をそれぞれ2等分にし（**b**）、食べる直前に6を挟む。

memo
3でコーンスターチとグラニュー糖を混ぜるとき、だまにならないよう、泡立て器でしっかり混ぜましょう。

point
a 鍋底が見えるくらい、クリームにとろみをつける
b 生地を十分に冷ましてから、半分に切る

Part.2 • ROUGH PUFF PASTRY   068 / 069

Chocolate and Marmalade Chausson
チョコレートとマーマレードのショッソン

"ショッソン"とは、フランス語で「スリッパ」の意味。
りんごが定番ですが、手軽にチョコと相性のよいマーマレードを合わせました。

材料（4×7cm 6個分）
本格サクサク生地 300g
→ P.056〜059参照

卵黄 1個分

filling

チョコレート 6かけ
マーマレード 大さじ1
シロップ
　グラニュー糖 50g
　ラム酒（あれば） ..... 少々
　水 50cc
　→ 合わせて600Wの電子レンジで約30秒加熱して砂糖を溶かす

1. パイ生地を30×20cm程度にのばし、菊型（直径8.5cm）で6枚抜く。
2. 折りしろ部分となる中央を少しのばす（**a**）。
3. チョコレートとマーマレードを**2**の生地にそれぞれのせ、縁にハケで水をつけ、指で押して密着させる（**b**）。
4. 卵黄をハケで表面に塗り、15分程度冷蔵庫で乾かし、更にもう一度塗る。この間にオーブンを200℃に予熱する。
5. 表面にナイフの背で模様をつけ、軽く穴をあける。200℃のオーブンで10分、170〜180℃で30分、側面にもしっかり焼き色がつくまで焼く。
6. 熱いうちにシロップを表面に塗り、200℃のオーブンで1分程度乾かす（**c**）。

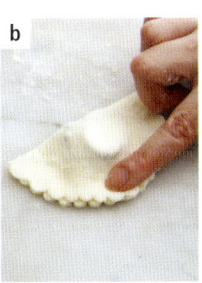

point
a 真ん中の部分だけ、生地を薄くしておく
b 焼いた際に生地が離れないようにくっつける
c 熱いうちは、チョコとジャムがとろりと溶ける

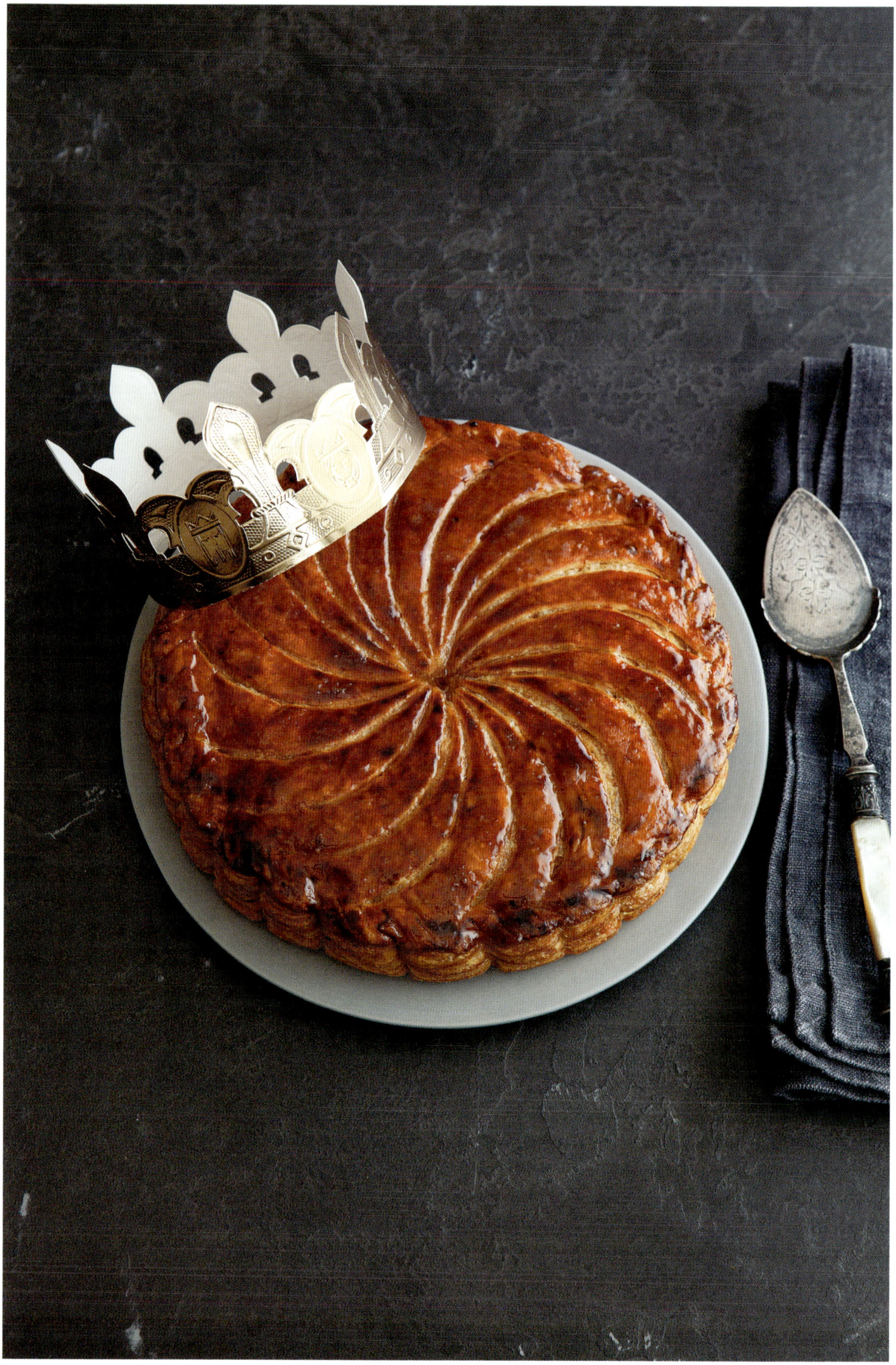

Kumquat Galette des Rois
金柑のガレット・デ・ロワ

フランスの新年に欠かせない伝統菓子。濃厚なクリームに、きゅっと酸味と苦味の残る金柑がアクセントになっています。

column 幸せを呼ぶフェーヴ

フェーヴ（fève）は、大きさ2.5cm程度の陶器製の置物です。切り分けたとき、フェーヴが入っていた人はみんなから祝福を受け、その日は王冠をかぶって王様や女王様気分に。幸運が1年間持続するという言い伝えがあります。

材料（直径21cm 1台分）
本格サクサク生地 400g
→ P.056〜059参照

卵黄 1個分

filling
アーモンドクリーム
　アーモンドパウダー 50g
　強力粉 5g
　粉砂糖 50g
　卵 1個
　バター 50g
　グランマルニエ（オレンジ・リキュール）
　..... 大さじ½
金柑の甘煮* 100g
シロップ
　グラニュー糖 50g
　水 50cc
　→ 合わせて600Wの電子レンジで約30秒加熱する

下準備
バターを室温に戻してクリーム状にする。

作り方
1. パイ生地は2等分し、15cm角程度にのばす。
2. 2枚とも四隅を折りたたんで閉じ、ひっくり返して丸く整え、直径21cm程度にのばす。冷蔵庫で30分程度休ませる。
3. アーモンドクリームを作る。バターに粉砂糖を加えて泡立て器ですり混ぜ、アーモンドパウダー、強力粉、卵、グランマルニエを入れてしっかり混ぜ合わせる。
4. 2の生地を閉じ目を上にして置き、周囲1.5cm程度を残して3を絞り出し、金柑の甘煮を散らす（**a**、フェーヴはここで入れる）。残しておいた縁部分にハケで水をつける。
5. もう1枚の生地を、閉じ目を下にして4にかぶせ、指で押して密着させる。ナイフの背で縁に飾りを描く（**b**）。
6. 卵黄をハケで表面に塗り、15分程度冷蔵庫で乾かし、更にもう一度塗る。この間にオーブンを200℃に予熱する。
7. ナイフの背で表面に模様をつけ（**c**）、200℃のオーブンで15分、更に170℃で40〜50分、側面にもしっかり焼き色がつくまで焼く。シロップを塗って、200℃のオーブンに2、3分入れてつやを出す。

memo ［金柑の甘煮の作り方］
金柑250gを半分にカットし、ヘタと種を取って竹串などで皮に数か所穴をあける。鍋に金柑と水100ccを入れて中で5分程度煮て、グラニュー糖100gを加えて弱火で15〜30分程度煮る。熱湯で10分ほど煮沸消毒した瓶に入れて冷蔵保存する。

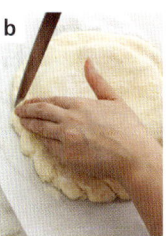

point
a あとで生地をくっつけるため、縁を残しておく
b 1.5cmほどの切れ込みをナイフで斜めに入れる
c 中のクリームを切らないようにして、弧の模様をつける

［パイの断面図］

Part.2 ● ROUGH PUFF PASTRY   072 / 073

Mascarpone Cheese and Orange Mille-feuille with Red Wine Gelée
マスカルポーネとオレンジと赤ワインのミルフィーユ

香ばしい生地に、甘味と酸味をバランスよく合わせた自信作。
材料は多いものの工程は難しくないので、ぜひトライしてみてください。

材料（10×10cm 2個分）
本格サクサク生地 300g
→ P.056〜059参照

粉砂糖 50g

filling

マスカルポーネクリーム
　マスカルポーネチーズ 250g
　グラニュー糖 大さじ3
　生クリーム 100cc
　コアントロー 大さじ1

赤ワインのジュレ
　赤ワイン 100cc
　グラニュー糖 20g
　オレンジの皮（すりおろし）
　　　..... ½個分
　ゼラチン 4g
　→水大さじ1でふやかす

オレンジのマリネ
　オレンジ 1個
　グラニュー糖 ..... 大さじ½
　コアントロー 大さじ1
　→オレンジは皮をむき、房ごとに分けて
　グラニュー糖とコアントローをかけマリネしておく

1 パイ生地を30×20cm程度にのばす。

2 冷蔵庫で1時間以上冷やす。この間にオーブンを170℃に予熱する。

3 天板の上にオーブンシートを敷き、パイ生地をのせる。ピケをして上にオーブンシートとケーキクーラー（あれば天板）をのせて（**a**）、160℃のオーブンで30〜35分焼く。

4 3の間に、赤ワインのジュレを作る。
赤ワイン、グラニュー糖、オレンジの皮を小鍋に入れて温める（アルコールを飛ばしたい場合は沸騰させる）。火を止めて、ふやかしたゼラチンを入れて溶かす。粗熱がとれたらバットに入れ、固まるまで冷蔵庫で冷やす。

5 3の全体が薄いきつね色になったらひっくり返し、粉砂糖を茶こしで全体に振る（**b**）。190〜200℃のオーブンで5〜10分、表面がキャラメリゼされるまで焼く（**c**）。

6 5が冷めたら、10cm角程度に6枚カットするマスカルポーネクリームを作る。

7 ボウルにマスカルポーネチーズとグラニュー糖を入れて混ぜ合わせ、少しずつ生クリームを入れながら泡立て器でよく混ぜる。コアントローを加えて味を調える。

8 1cmの丸口金をつけた絞り袋にマスカルポーネクリームを入れて、カットした生地2枚に絞り出す（丸口金がない場合はスプーンで適量をのばす）。それぞれに刻んだ赤ワインのジュレを散らし、オレンジのマリネをのせる。更にパイ生地をのせ、クリーム、赤ワインのジュレ、オレンジのマリネをのせる。最後に生地を重ねてふたをする。

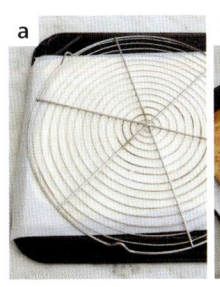

point
a 生地が膨らまないよう、上から押さえながら焼く
b 生地全体に振りかけることが大切
c 生地の表面に光沢があり、つやっとした状態に

Hot Chocolate Pot Pie
ホットチョコレートのポットパイ

パイ生地の下には、甘さ控えめのホットチョコレート。
スパイスを加えた刺激的な後味を楽しんでください。

材料（2人分）

本格サクサク生地 100g
→ P.056〜059参照

溶き卵 1個分

filling

ホットチョコレート
| チョコレート（ビター）..... 50g
| 牛乳 250cc
| 熱湯 50cc

ピンクペッパー、しょうが、
カルダモンなどのスパイス
（好みで）..... 少々

1. 牛乳50ccを小鍋に入れて沸騰直前まで温め、粗く刻んだチョコレートを加えてよく溶かす。
2. なめらかになったら、残りの牛乳200ccと熱湯を加えてよく混ぜる。
3. 耐熱容器に入れ、好みでスパイスを振り、冷蔵庫で冷やしておく。
4. パイ生地を3等分し、耐熱容器の口よりひとまわり大きくのばす。溶き卵を縁につけ、容器を覆うように生地をかぶせ、指で押して縁を密着させる。表面にハケで溶き卵を塗り、焼く直前まで冷蔵庫で冷やしておく（中がしっかり冷えていないと、パイが膨らまないことがある）。
5. 焼く前にオーブンを200℃に予熱する。
6. 180℃のオーブンで25〜30分、表面がこんがりきつね色になるまで焼く。

Carrot Soup Pot Pie
キャロットスープのポットパイ

スープもパイ生地と合わせるだけで、華やかな一品に。香り立つ優しい味わいで、体がぽかぽかと温まります。

材料（3人分）

本格サクサク生地 180g
→ P.056～059参照

溶き卵 1個分

filling

キャロットスープ
- にんじん ..... 1本（薄くスライス）
- 玉ねぎ ..... 30g（みじん切り）
- にんにく ..... ½かけ（みじん切り）
- トマトピュレ 大さじ1½
- 強力粉 大さじ1
- 塩 ..... 小さじ½、こしょう ..... 少々
- バター（有塩） 大さじ1
- クミンシード 小さじ1
- 水 500cc

1. 鍋にバターを入れて熱し、クミンシードを炒めてにんじん、玉ねぎ、にんにくを加え、にんじんがしんなりするまで炒める。
2. 強力粉を入れてさっと炒め、トマトピュレと水を加え、野菜がやわらかくなるまで弱火で15～20分程度煮る。
3. ミキサーにかけ、塩、こしょうで味を調える。
4. 耐熱容器に入れ、冷蔵庫で冷やしておく。
5. パイ生地を3等分し、耐熱容器の口よりひとまわり大きくのばす。溶き卵を縁につけ、容器を覆うように生地をかぶせ、指で押して縁を密着させる。表面にハケで溶き卵を塗り、焼く直前まで冷蔵庫で冷やしておく（中がしっかり冷えていないと、パイが膨らまないことがある）。
6. 焼く前にオーブンを200℃に予熱する。
7. 180℃のオーブンで25～30分、表面がこんがりきつね色になるまで焼く。

Part.2 ROUGH PUFF PASTRY 076 / 077

Spring Onion Pie
新玉ねぎのパイ

焼いただけなのに、玉ねぎ本来の甘さにびっくりします。
好きな旬の野菜で、自分なりにアレンジするのがおすすめ。

≡ 材料（6×6cm 6個分）
本格サクサク生地 ….. 300g
→ P.056〜059参照

filling

新玉ねぎ ….. 大1個
塩・こしょう ….. 少々
オリーブオイル ….. 大さじ2

≡ 下準備
オーブンを200℃に予熱する。

1 パイ生地を18×12cm程度にのばし、6cm角に6枚カットする。
2 皮をむき、6等分のくし型に切った玉ねぎをそれぞれの生地にのせ、塩・こしょうを振る。180〜190℃のオーブンで30分程度焼く。パイにこんがり焼き色がついたらオリーブオイルを振って、更に180〜190℃で5分程度焼く。

≡ memo
新玉ねぎ以外に、季節の野菜で楽しんでください。
アスパラガスやズッキーニ、きのこ、かぼちゃなど、
水分が少ないものがよく合います。

Part.2 • ROUGH PUFF PASTRY 078 / 079

Meat Pie

ミートパイ

香り＆味わいしっかりの中華風フィリングを詰めました。
手軽に作れるアレンジで、忙しいときも簡単に作れます。

材料（約10cm 6個分）

本格サクサク生地 300g
→ P.056〜059参照

溶き卵 1個分

filling

牛肉 150g
（ひき肉、または薄切り肉を
たたいたもの）
玉ねぎ ..... 25g（みじん切り）
にら ..... 20g（みじん切り）
大葉 ..... 10枚（みじん切り）
しょうゆ ..... 大さじ½
ウスターソース 小さじ1
紹興酒 小さじ1
ごま油 小さじ1
塩・こしょう ..... 少々

下準備

オーブンを200℃に予熱する。

1. パイ生地を36×24cm程度にのばし、12cm角に6枚カットする。
2. フィリングの材料をすべてボウルに入れ、粘り気が出るまで手でしっかりとよく混ぜ合わせる。
3. 2を生地の中央に大さじ2ずつのせて、縁に水をつけて三角形に折って包む（a）。
4. ナイフの背で縁に飾りを描く（b）。溶き卵をハケで表面に塗り、ナイフで切れ目を入れる。
5. 180℃のオーブンで40〜45分、側面にもしっかり焼き色がつくまで焼く。

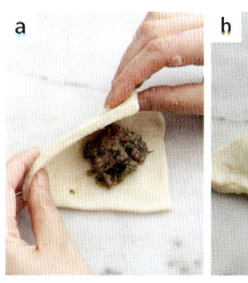

point

a 生地中央に具をのせ、三角形になるように折る
b 1cm弱の間隔で、ナイフの先を生地に入れる

column コンビーフで簡単アレンジ

フィリングの材料を、コンビーフ1缶、キャベツ80g（みじん切り）、セロリ20g（みじん切り）、にんにく 少々（すりおろし）、塩・こしょう少々に替える。作り方は同様。うまみたっぷりのコンビーフに野菜の甘みがよく合います。

若山曜子　*Yoko Wakayama*

料理研究家。東京外国語大学フランス語学科卒業後、パリへ留学。ル・コルドン・ブルー パリなどを経て、フランス国家資格(C.A.P.)を取得する。パリのパティスリーやレストランで研鑽を積んだのち帰国。パリ時代の経験をいかし、カフェのメニュー監修や雑誌、テレビ、自宅で開くお菓子教室などで活躍している。『スクエア型のケーキとタルト』(小社)、『板チョコ1枚から作るかわいいチョコレートのお菓子』(主婦の友社)、『パウンド型ひとつで作るたくさんのケーク』(主婦と生活社) など著書多数。
http://tavechao.tavechao.com/

溶かしバターと
水で作れる
魔法のパイレシピ

2013年10月20日　初版印刷
2013年10月30日　初版発行

著　者　　若山曜子
発行者　　小野寺優
発行所　　株式会社河出書房新社
　　　　　〒151-0051
　　　　　東京都渋谷区千駄ヶ谷2-32-2
　　　　　電話 03-3404-1201（営業）
　　　　　　　 03-3404-8611（編集）
　　　　　http://www.kawade.co.jp/

印刷・製本　三松堂株式会社

Printed in Japan
ISBN978-4-309-28398-2
落丁本・乱丁本はお取り替えいたします。
本書のコピー、スキャン、デジタル化等の無断複製は
著作権法上での例外を除き禁じられています。
本書を代行業者等の第三者に依頼してスキャンや
デジタル化することは、いかなる場合も
著作権法違反となります。

＊本書の内容に関するお問い合わせは、
お手紙かメール jitsuyou@kawade.co.jp にて承ります。
恐縮ですが、お電話でのお問い合わせは
ご遠慮くださいますようお願いいたします。

Staff
撮影：公文美和
スタイリング：佐々木カナコ
アートディレクション＆デザイン：福間優子
調理アシスタント：菅原かおり

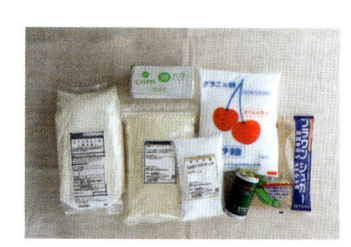

材料協力：富澤商店
http://www.tomizawa.co.jp/
042-776-6488
本書に使用している材料は、
オンラインショップまたは
全国約40店舗の直営店で購入いただけます。